T0198820

DE AQUÍ Y DE ALLÁ: The Twins

To order additional copies of this book, contact:
Xlibris
844-714-8691
www.Xlibris.com
Orders@Xlibris.com

ISBN: Softcover   978-1-6641-5502-2
        EBook   978-1-6641-5501-5

Print information available on the last page

Rev. date: 01/30/2021

De Aquí y De Allá: The Twins

Irma Heidi Ortiz Torres

Illustrated by Camilo Bautista Maldonado

Dedicatoria

A nuestros ancestros, de los cuales heredamos todo lo que somos, una cultura latinoamericana fuerte y resiliente que prevalece en la crisis, se reinventa y vive en cualquier rincón del mundo.

-Irma Heidi Ortiz Torres

¡Hoy es el cumpleaños de Ana Marie
y Julián! Cumplen cuatro años.

*Today is Ana Marie and Julian's birthday!
They are turning four years old.*

Mamá les había explicado que, por causa de la pandemia del COVID-19, no podían hacer fiesta, pero les prometió dos sorpresas.

Mom explained to them that, due to the COVID-19 pandemic, they could not have a party, but promised them two surprises.

¡La primera sorpresa fue una autocaravana de sus compañeros de la escuela!

The first surprise was a car parade with their school friends!

La segunda sorpresa fue una fiesta virtual con sus primos y amigos que viven lejos.

The second surprise was a virtual party with their cousins and friends from afar.

Ana Marie y Julián tienen familia y amigos en varias partes del mundo y los felicitaron en su cumpleaños.

Ana Marie and Julián have family and friends in various parts of the world who congratulated them on their birthday.

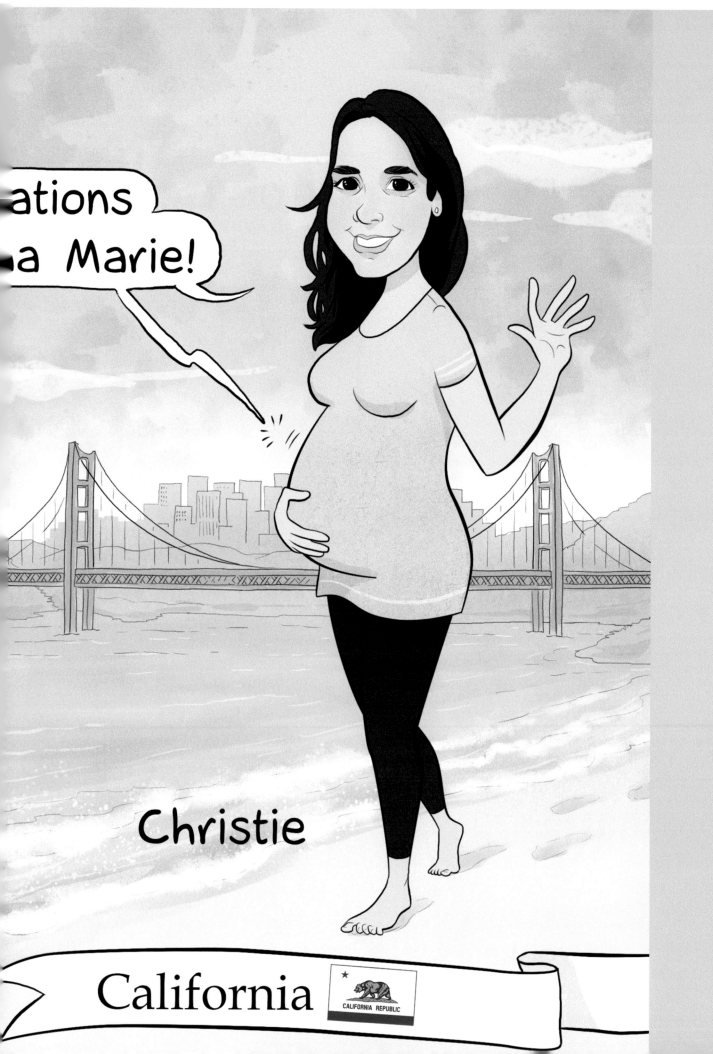

Hawaii

Braxton   Ava   Chloe

New Jersey

John
Christian

Sabrina

Jackson

Jason

Adriana

Christopher

Diego

Fabián

Arantza

Ay qué noche tan preciosa
es la noche de tu día
todos llenos de alegría
en esta fecha natal
Tus más íntimos amigos
esta noche te acompañan,
te saludan y desean
un mundo de felicidad
Yo por mi parte deseo,
lleno de luz este día
todo lleno de alegría,
en esta fecha natal,
y que esta luna plateada,
brille su luz para ti,
y ruego a Dios por que pases,
un cumpleaños feliz
Cumpleaños feliz, te deseamos a ti,
cumpleaños, Julián y Ana Marie,
cumpleaños feliz.

¡Hasta Tata y Papapa desde la playa de Cerro Gordo!

Even Tata and Papapa from the Cerro Gordo beach!

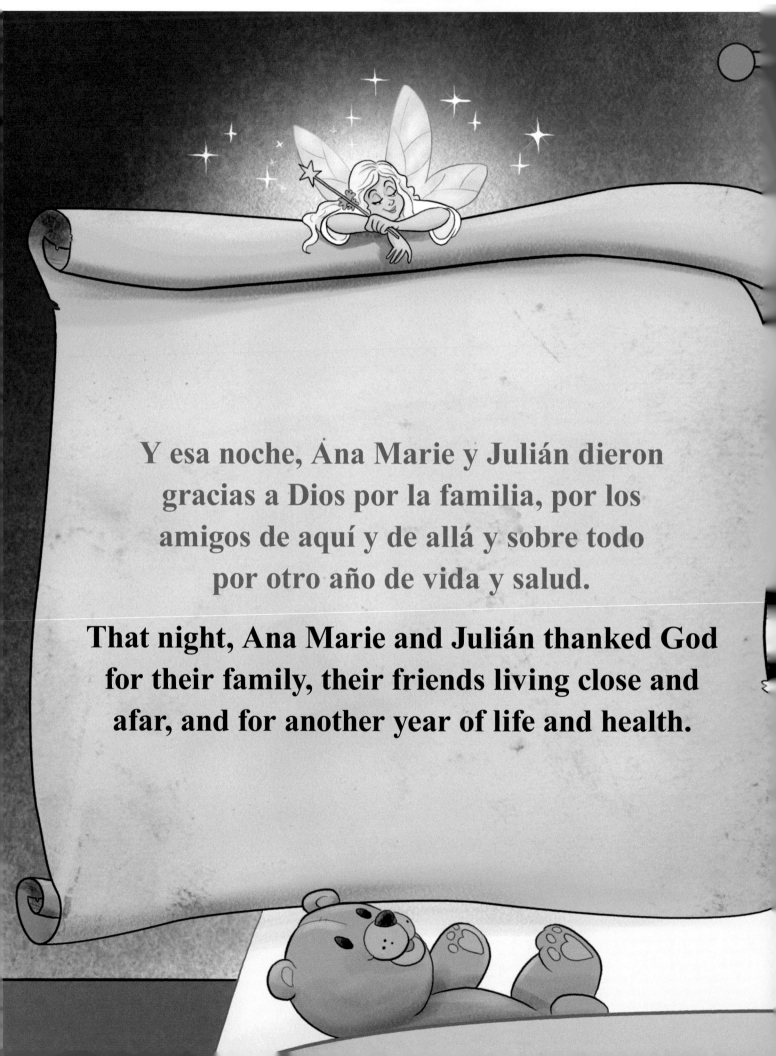

Y esa noche, Ana Marie y Julián dieron
gracias a Dios por la familia, por los
amigos de aquí y de allá y sobre todo
por otro año de vida y salud.

That night, Ana Marie and Julián thanked God
for their family, their friends living close and
afar, and for another year of life and health.

About the Author

Irma Heidi Ortiz-Torres "Yaya" is a retired schoolteacher from Bayamón, Puerto Rico. Presently, she facilitates Language and Education college courses, and mentors future teachers in Orlando, Florida. De Aquí y de Allá: The Twins, is her second book with the beautiful illustrations of Colombian artist Camilo Bautista Maldonado. The book features friendship, love, rituals and bringing families together in social distance during the COVID-19 Pandemic. The main characters are Julián and Ana Marie, her beloved grandchildren.

Printed in the United States
By Bookmasters